20.02~04 60일간의 호주 워킹 홀리데이 기록

멜버른 드로잉

이지은

목차

떠나는 마음

35번 시티 서클 트램

빅토리아 주립도서관

바리스타 클래스

루나 파크 & 세인트 킬다 비치

멜버른 카페 투어

브라이튼 비치

Lentil As Anything

일자리를 구해봅시다

나는야 스시샵 롤 메이커

멜버른 아트북 페어

그레이트오션로드 스카이다이빙

퀸 빅토리아 야시장

도클랜드

질롱

마음을 열면

God looks after you?

홀리 트라이브

플린더스 역

카페 브루네티

멜버른 동물원

호주의 신기한 문화

유용한 물건 / 쇼핑 리스트

있는 그대로의 나

떠나는 날

떠나는 마음

　언젠가부터 마음속에 자리한 꿈 '워킹 홀리데이'. 만 30세라는 나이 제한이 있어 20대의 특권처럼 느껴진다. 돈도 벌고 여행도 하고. 굳이 워홀을 하고 싶은 이유를 구구절절 설명하지 않아도 아마 그 마음에 공감할 수 있는 사람이 많지 않을까?

　그럼 왜 호주여야 하나. 일단 워홀의 양대 산맥 호주와 캐나다를 비교해 보면 나는 따뜻한 나라를 좋아한다. 또 청정 자연 속 건강한 음식을 먹으며 잔디밭에서 요가를 하는 장면이 떠오른다. 누군가는 왜 굳이 외국인 노동자를 자처하는가 하는 의문을 가질 수도 있다. 맞다. 하지만 나는 해보고 싶은 건 직접 해 봐야 직성이 풀리는 성격을 가졌나 보다. 마음속 꿈은 초기 정착금을 대줄 테니 함께 가자는 언니의 파격적인 제안으로 현실이 되었다. 어딘가 떠나 살아보고 싶은 내 마음과 퇴사 후 일탈을 해보고 싶은 언니의 마음이 합쳐진 순간이었다. 비자 신청, 신체검사, 항공권 끊기 등 현실적인 준비 과정은 필요했지만 떠나는 마음은 가벼웠다. 주체적으로 내가 먹고 살아갈 길을 찾을 수 있는 용기, 나를 내려놓고 즐기고자 하는 마음가짐을 챙겼다.

35번 시티 서클 트램

　멜버른의 중심가에는 그 유명한 '프리 트램 존Free Tram Zone'이 있다. 이 안의 모든 트램은 무료로 탑승할 수 있다. 그중에서도 35번 시티 서클 트램은 프리 트램의 원조 격으로, 마치 고전 영화에서 나올 법한 외관을 자랑한다. 은근 마주칠 기회가 없다가 어느 날 플라그스타프 정원에서 멜버른 중앙역 가는 길에 35번 시티 서클 트램을 마주쳤다. 두근거리는 마음을 안고 탑승을 하니, 외부의 느낌 그대로 내부에도 클래식함이 묻어났다. 35번 트램은 'ㅁ' 자 모양으로 멜버른 도심을 돌며 관광 명소를 지난다.

　막간 호주 교통 TIP! 시드니는 오팔카드, 브리즈번은 고카드, 멜버른은 마이키카드. 호주는 도시마다 다른 교통 카드를 사용한다. 마이키카드를 사서 충전하거나 28일 이상의 정기권 패스를 끊으면 기차, 트램, 버스 등 멜버른의 모든 교통수단을 이용할 수 있다. 멜버른 중심가, CBD[1]라 불리는 시내에 살면 공짜 트램을 타며 교통비를 아낄 수 있지만, 우리는 외곽의 한적함을 선택했기에 마이키카드의 정기권 패스를 꼬박꼬박 충전해 다녔다.

1　'Central Business District'의 약칭. 중심 업무지

City Circle

빅토리아 주립도서관

 멜버른에서 가 보고 싶었던 장소 1순위는 '빅토리아 주립도서관State Library Victoria'이었다. 우리가 가장 처음으로 본 멜버른의 인상이기도 하다. 우리나라는 도서관에 와이파이가 안 되는 곳이 많아 노트북 이용자는 도서관보다 카페로 향한다. 하지만 멜버른의 카페는 커피를 즐기고 조용히 책을 읽거나 사람을 만나는 장소이다. 멜버른에서 공부하거나 노트북을 쓰는 이들은 와이파이가 빵빵하고 조용한 도서관으로! 이런 데 있으면 공부할 맛이 날 것 같아…….

 이곳에서 이력서를 완성하고 인쇄 카드를 만들어 인쇄도 했다. 멜버른에 있다 보면 일주일에 두세 번은 올 것 같았던 빅토리아 주립도서관… 지난 두 달간 두세 번은 왔을까? 도서관 앞에는 거대한 체스판이 있는데 종종 체스를 두는 사람들이 보였다. 그 앞 잔디밭에는 너나없이 앉아 수다를 떨거나 음식을 먹는 사람들과 사람보다 더 많은 비둘기 떼가 있었다. 온 동네 비둘기들이 이곳에 정기 모임을 하러 온 듯했다. 종종 도서관 앞에서 버스킹을 하는 사람도 있어 음악이 어우러진 멜버른의 활기찬 도심을 만날 수 있었다.

바리스타 클래스

  호주 멜버른은 예술의 도시이자 커피의 도시이다. 명성에 걸맞게 이곳에 와서 가장 행복하고 뿌듯한 일을 꼽으라면 자신 있게 유명한 카페를 탐방하며 맛있는 커피를 마시는 일이노라 외칠 수 있다. 세븐일레븐 편의점의 단돈 1달러 커피만 마셔도 멜버른 커피의 고소한 원두 맛을 느낄 수 있다. 카페도 많고, 라테 아트도 발전한 이곳. 호주로, 그것도 멜버른으로 워킹 홀리데이를 꿈꾸는 이라면 한 번쯤 바리스타라는 일을 생각해보는 것이 당연지사.

  나 또한 카페에서 일하는 것을 꿈꾸며 한국에서 바리스타 자격증을 땄다. 하지만 자격증과 실전은 다르고 특히 바리스타에게 '라테 아트Latte art' 기술도 요구하는 도시라 이곳에서 바리스타 일을 구하기는 하늘의 별 따기다. 그 와중에 현지에서 커피 스킬을 배울 수 있을 거라고는 상상도 못 했는데, '밋업Meetup[2]'이라는 앱에서 현지 카페에서 진행되는 원데이 바리스타 클래스를 발견했다. 3시간 동안 에스프레소 추출, 라테, 카푸치노 만들기, 라테 아트까지 배우는 과정이었다.

---

[2] 언어 교환, 취미 공유 등 지역 기반 다양한 모임에 참여할 수 있는 앱

수업이 진행되는 카페에 도착하니 나 외에도 독일 커플과 인도네시아에서 온 워홀러가 있었다. 그나저나 이곳에서는 원두를 가는 그라인더도 자동, 에스프레소 추출도 자동이다. 이 말인즉, 누구나 버튼만 누를 수 있다면 갈린 원두가 자동으로 템퍼^{temper3}에 담기고 또 버튼 하나 누르면 커피를 내릴 수 있다는 말. 자동 기계로 에너지가 덜 드니 라테 아트가 그토록 발전했단 말인가?

  수업 중에는 카페 영업시간이 아닌데도 단골손님들이 방문했다. 내가 대표로 커피를 내리다가, 토기 모양의 라테 아트를 만들어 드렸다. 어쩌다 그려진 그림이었지만, 손님이 좋아하시니 바리스타의 재미를 조금은 알 것 같았다. 사장님은 바리스타의 덕목으로 커피 내리는 기술보다도 손님과의 소통을 강조하셨다. 호주는 어느 가게를 들어가든 "Hi, how are you?"라는 인사가 들려오는 곳이다. 생판 모르는 이의 안부를 묻는 게 인사의 시작인 곳이니 바리스타가 손님과 담소를 나누는 것도 자연스러운 일. 솔직히, 커피 내리는 것보다 이게 더 어렵다.

---

3   필터홀더에 원두 가루를 담은 후 커피를 살짝 다져줄 때 사용하는 기구

루나 파크 & 세인트 킬다 비치

　언니의 어학원 개강 첫 주, 일본 친구 시오리의 제안으로 여섯 명의 친구가 루나 파크에 모였다. 멜버른에서 처음 문을 연 놀이공원에는 '미스터 문Mr Moon'이라 불리는 거대한 달이 입을 쩍 벌린 입구가 반겨준다. 이곳에 오면 나무로 된 롤러코스터 '시닉 레일웨이Scenic Railway'는 필수 코스다. 세계에서 가장 오래된 목재 롤러코스터답게 삐걱거려서 무섭지만 해안가가 보이는 경치를 만끽할 수 있다. 루나 파크 근처 100년 전통의 카페 '모나크Monarch cakes'도 명소이다. 구겔호프Kugelhopf[4], 레몬 타르트, 폴란드 치즈 케이크를 주문했다. 구겔호프를 베어 무니 초콜릿이 입에 가득 찬다. 100년간 레시피가 그대로라는 치즈 케이크도 상큼하니 맛있다.

　루나 파크 옆 세인트 킬다 해변에는 해가 질 무렵이면 아기 야생 펭귄이 나온다는 서식지가 있다. 해수욕을 즐기는 사람들과 거대한 야자수를 지나 서식지로 향했다. 멜버른의 여름엔 8시 반이 되어서야 해가 진다. 9시가 지나도 한 마리도 안 보여 뒤돌아 걷던 순간, 다른 곳에 웅성웅성 모인 사람들이 보였다. '설마…' 하고 간 곳에 있던 아기 펭귄 한 마리. 그 귀여움에 숨죽일 수밖에 없었다.

4　효모를 이용해 만든 왕관 모양의 케이크. 과일을 섞거나 초콜릿을 넣는 등 다양한 방식으로 만들어진다.

멜버른 카페 투어

멜버른 워홀러의 가장 즐거운 일은 단연 카페 투어! 맛도 다 다른데 모조리 맛있다. 멜버른 짱이야!

-패트리샤 커피 브루어즈

"Hi, how are you?" 환한 미소의 직원이 반기는 패트리샤 커피 브루어즈. 카페 안팎으로 스탠딩 바가 있다. 골목길 안에 자리잡아, 좁은 카페 특성상 사람들이 대부분 카페 밖에 서서 커피를 마시는 진풍경을 볼 수 있다. 그 모습이 힙hip해 보이던 카페.

-듁스 커피

플린더스 역 근처 커피 맛집. 필기체로 적혀 있는 카페 이름이 멋스럽다. 플랫 화이트와 아몬드 크루아상을 주문했다. 빵 한 입 베어 물고 커피로 입을 적신다. 고소한 빵과 진한 풍미의 커피가 잘 어우러진다. 국내에도 듁스커피 쇼룸이 생겨서 고소한 원두를 한국에서도 만나 볼 수 있다.

Dukes Coffee Roasters

PATRICIA COFFEE BREWERS

PELLEGRINI'S BAR

BROTHER BABA BUDAN

-펠레그리니 에스프레소 바

　호주에서 최초로 에스프레소 머신을 사용한 곳으로 유명하다. '에스프레소 바'인 만큼 에스프레소 맛이 좋다. 메뉴판에는 카페 메뉴도, 가격도 없이 파스타 이름만 잔뜩 적혀 있는데, 구석에 적힌 'coffee as requested'라는 말이 이곳의 자부심을 보여 준다. 커피는 요청만 하면 다 만들어 준다니 말이다. 맛있는 티라미수와 에스프레소, 라테를 마셨다.

 -브라더 바바 부단

　만세를 하는 듯한 손 모양의 그림과 카페 천장에 얼기설기 붙어 있는 의자들이 시그니처인 카페. '우리는 커피의 미래를 믿는다'라는 슬로건도 눈에 띈다. 자리에 앉아 플랫 화이트를 한 입 마시고 감탄을 내질렀다. 이보다 맛있는 플랫 화이트를 마셔본 적이 있던가. 자주 가다 보니 동네 카페 느낌이 나서 더욱 애정이 가던 브라더 바바 부단.

Lentil As Anything

누가 워킹 홀리데이에 와서 봉사 활동을 할 것이라 상상했을까? 언니가 자원봉사를 할 수 있는 비건 레스토랑이 있다는 정보를 들고 왔다. 일자리를 구하지 못하면 경험치라도 올리자.

"Everyone deserves a place at the table. (누구나 식탁에서 음식을 대접받을 권리가 있다)"

호주의 비건 레스토랑 '렌틸 애즈 애니씽Lentil As Anything'은 인종, 종교, 국적, 경제적 상황과 상관없이 누구든 음식을 대접받을 수 있다는 가치관 아래 설립된 비영리 단체다. 이곳은 사람들이 식사 후 원하는 만큼 돈을 내는 기부 형태로 운영된다. 돈을 내거나 내지 않아도 되지만, 보통은 $8~12 정도의 금액을 낸다. 그 고마움을 봉사로 갚을 수도 있다. 1시간 오리엔테이션을 들은 뒤 빨간 앞치마만 두르면 봉사 시작! 20시간 이상 봉사를 하면 10주 무료 바리스타 클래스도 제공된다. 봉사 오리엔테이션을 들으러 독일, 뉴질랜드, 프랑스, 일본 등 다국적의 사람들이 모였다. 국적은 달라도 이곳에 모인 마음은 하나였다.

이곳에서의 봉사는 매번 새롭고 신기한 경험의 연속이었다. 손님들은 주문을 받는 이들이 봉사자임을 알아 매우 친절했다. 처음 맡은 역할은 야외 테이블 주문을 받는 일이었다.

"May I take your order? (주문하시겠어요)"

한껏 미소 가득한 얼굴로 주문을 받으며, 봉사의 기쁨을 한껏 만끽했다. 매번 봉사자가 원하는 역할을 정할 수 있었다. 다음 봉사에서는 주방에서 당근을 손질하고, 사람들에게 디저트로 케이크를 나누어 주는 일을 했다. 마지막 봉사는 주방에서 일했는데, 비건 스테이크와 감자튀김을 접시에 담고 소스를 뿌리는 일이었다. 메인 셰프가 있지만 몇 요리의 절차를 간단하게 해서 봉사자들도 주방 요리 일부를 맡을 수 있게끔 했다. 공연이 함께 하는 저녁도 있었다. 비록 스무 시간을 채워 바리스타 클래스를 듣겠다는 포부는 이루어지지 않았지만, 모든 경험이 추억이 되었다.

브라이튼 비치

  알록달록한 '샤워 부스bathing boxes'가 인상적인 브라이튼 비치. 색색의 샤워 부스 앞에서 사진을 찍어 아홉 컷 콜라주를 만들기도 한다. 비키니 수영복과 비치 타월을 준비해 설렘 가득 해변에 갔다. 통통 튀는 매력의 윤지, 부산 똑똑이 유림이, 사투리가 귀여운 수빈이, 나, 정은 언니는 한 무리가 되어 놀러 다녔다. 오늘 우리의 미션이 있었으니. 언니의 소원대로 한창 유행인 지코Zico의 '아무 노래 챌린지'를 찍는 것.

  "아무 노래나 일단 틀어~! 아무 노래나 신나는 걸로."

  춤을 아는 윤지의 리드에 따라 동작을 배운 뒤, 삼각대로 핸드폰을 고정해 1차 시도, 컷! 외국인들이 한껏 흥미로운 표정으로 쳐다보는 와중에 2차 시도! 3차 시도가 끝나자 더는 못 하겠다는 친구들의 보이콧에 촬영을 성황리에 마쳤다. 얼른 영상 속 내 모습을 확인하니, 한 마리의 가오리가 흐느적대고 있었다. 지코는 아무 노래나 틀고 추라고 했지만, 역시 춤은 아무나 추는 게 아니다. 비치 타월에 엎드려 선탠을 하고 영상을 보고 깔깔대며, 브라이튼 비치에서의 하루가 지나갔다.

일자리를 구해봅시다

워홀러들의 가장 큰 고민은 모름지기 '일자리를 구하는 것'이 아닐까? 초기 정착금으로 첫 월세, 생활비를 들고 와서 다음 생활비를 버는 게 일반적이기 때문이다. 일자리를 구하는 방법 세 가지.

첫 번째, 온라인 구직 사이트. 우리나라에서 알바 구하듯 공고를 보고 지원한다. 오지 잡[5] 사이트로는 '식SEEK'과 '검트리Gumtree'가 있다. 한인 잡은 호주 한인 포털 '멜번 스카이'에 공고가 뜬다.

두 번째, 잡 헌팅. 이력서를 들고 가게에 들어간다. 용기를 짜내 말한다. "나 일자리를 구하고 있는데, 혹시 이력서 놓고 가도 될까?" 이력서를 놓고 가도 바로 버려질 수도 있다는 것이 문제. 아르바이트생보다는 고용을 책임지는 매니저에게 이력서를 직접 전달하는 게 팁이다.

마지막, 내가 구한 방법인 지인 통하기. 입주한 지 며칠 지나지 않아 셰어하우스 마스터가 일자리 제안을 했다. 스시 가게에서 직원을 구하는데 하고 싶냐는 것이었다. 마다할 이유가 없다. 게다가 스시 가게는 내가 카페 다음으로 희망하던 업종! 이런 운이 따를 수가.

---

5 오지 잡Aussie job은 호주인이 운영하는 사업체의 일자리, 한인 잡은 한인이 운영하는 사업체의 일자리

나는야 스시샵 롤 메이커

대형 슈퍼마켓 안에 있는 스시 전문점에 일자리를 얻었다. 직원 휴게실에는 바나나, 사과, 복숭아 등 과일과 초콜릿, 과자, 시리얼 등 간식이 구비되어 있어 복지도 좋았다. 함께 일하는 직원들은 정이 많고, 시급은 최저 시급 이상이었다. 스시 가게의 주방 업무를 모두 하는 게 내 역할이었다. 연어를 손질하는 일 빼고는 초밥, 호소 롤, 썸머 롤, 카레라이스, 돈부리, 샐러드 등 모든 메뉴를 만드는 법을 배웠다.

스시 가게 아르바이트생의 하루. 출근하면 검은 유니폼과 안전화로 준비를 마친다. 주방에 입성하기 전 30초 이상 흐르는 물에 손을 닦으면 출근 준비 완료. 정신없이 초밥과 롤을 만들며 하루를 시작한다. 밥을 한번 지을 때 4kg씩 짓고, 밥이 다 되면 단촛물을 넣어 초밥용 밥을 만든다. 4시간에 한 번씩 청결, 위생, 제품 상태를 확인해 차트에 기록한다. 종종 직원들끼리 번갈아 가며 커피를 사 오는데, 일 중간에 커피 한 모금 마시면 그렇게 힘이 날 수가 없었다. 또 하나의 중요한 주방 일, 재료 준비. 당근 스무 개, 오이 서른 개쯤 채 썰고, 참치에 게살에……

재료 준비를 마치면 설거지가 휘몰아친다. 앞치마를 흠뻑 적시며 설거지를 끝내면, 이번에는 손님들이 잔뜩 집어 가 텅텅 빈 매대를 채우기 위해 초밥과 롤을 만들고, 포장하고… 꿀 같은 휴게 시간 30분에는 스시 가게에 있는 재료로 스태프 밀staff meal을 직접 만들어 먹는다. 밥에 치킨 돈가스와 아보카도를 올리고 데리야키 소스를 뿌려 먹는 게 나의 최애 조합이었다. 하루는 마감하는 법을 배웠다. 사장님은 "포장 용기 채우고, 설거지 다 마치고 바닥 한 번 닦으면 돼. 마감 간단해."라고 말씀하셨는데, 매니저님께 배운 마감은 확인할 것만 스무 가지 이상이었다. 맙소사. 혼자 마감을 하는 날은 시간 내에 할 일을 마치지 못해 꼼짝없이 무급의 1시간 추가 근무를 하고야 말았다.

  주방 일은 고되었지만, 그래도 돈을 벌 수 있다는 것이 즐거웠다. 내가 이곳에서 쓰임을 찾은 느낌이었달까. 심지어 같이 일하는 매니저님은 나를 눈여겨보시고 주방에서 더 크게 될 인재(?)라고까지 하셨으니. 2주의 수습 기간에 열심히 일을 배우고, 정식 직원이 되려면 필요한 온라인 테스트도 무사히 통과했다. 진정한 스시 롤 메이커로 거듭나는 순간이었다.

스시 가게 업무

1. 롤 만들기

2. 재료 준비

3. 초밥용 밥 만들기

다 된 밥에 배합초 넣기!

4. 설거지

끝없는 설거지…

멜버른 아트북 페어

 내셔널 갤러리 오브 빅토리아Natioanl Gallery of Victoria에서 진행되는 멜버른 아트북 페어를 구경하러 갔다. 우리나라에서 서울 국제 도서전과 독립출판 마켓 등 책 관련 행사는 자주 가 봤지만, 해외에서의 책 축제는 처음이었다. 행사장에 들어가니, 알록달록 꾸민 내부가 눈에 띄었다. 다양한 부스에서 그림책을 판매하는데, 그 형태가 다양했다. "제가 직접 연구해서 만든 책이에요." 한 그림책 제작자의 말에서 뿌듯함이 느껴졌다.

 그림에 관심 많은 희은이와 한 바퀴 돌며 책을 들춰보았다. 번뜩이는 영감을 얻지는 못했지만, 이 공간에 있다는 사실이 좋았다. 그나저나 한 예술 집단의 소식지를 구독했는데, 왜 소식이 없을까? 다른 쪽에는 나만의 그림책을 만드는 코너가 있었다. 희은이는 자기가 좋아하는 것들로 꾸며 <Me, myself>라는 책을 만들었고 나는 멜버른의 인상적인 것들로 채운 아트북을 만들었다. 색종이, 나뭇잎, 다양한 패턴의 천들로 급히 만든 콜라주 북이었는데 아티스트가 된 기분이 들었다.

그레이트오션로드 스카이다이빙

　바비큐 파티, 아쿠아리움, 갤러리 구경까지 언니의 어학원은 멜버른 생활을 풍요롭게 만들어 줄 각종 액티비티를 준비했다. 많은 이들의 인생 버킷 리스트인 '스카이다이빙'도 그중 하나였으니. 내 버킷 리스트에 1초라도 존재한 적 없지만, "스카이다이빙 할 거야, 말 거야?"라는 언니의 질문에 난 내 운명을 직감했다. 상상만 해도 아찔한 이 경험이 곧 나의 것이 되리란 것을.

　우리가 하는 종목은 '탠덤tandem 스카이다이빙'으로 내 뒤에 전문가가 붙어 낙하산까지 펼쳐주는 초보자용 스카이다이빙이었다. 하필 날씨가 안 좋아 두 어 시간을 기다렸다. 오늘 안으로 뛰어내릴 수 있나 걱정하던 찰나 해가 아주 조금 구름 사이로 고개를 내밀었다. 운전기사는 "이때다." 라며 스카이다이빙 장소로 차를 몰았다. 비행기에서 누가 먼저 뛰어내릴 지 가위바위보로 순서를 정했건만 곧 그 순서는 무의미해졌다. 우리의 운명은 우리와 짝이 된 전문가가 비행기에 들어간 순서로 정해졌다. 내 파트너는 다른 이들이 모두 들어갈 때까지 비행기에 탑승할 기미가 안 보였다.

"혹시 내가 첫 번째야?" 설마가 사람 잡는다더니, 가장 마지막으로 비행기에 올라 긴장할 틈도 없이, 전문가와 몸에 있는 모든 안전 고리를 연결해 말 그대로 합체했다. 점점 멀어지는 지상을 황망히 쳐다본다. 땅이 멀어지고, 집이 조그맣게 보인다. 뛰어내릴 순간이 다가오는 듯하니, 마음은 오히려 초연해진다. 고개를 전문가 쪽으로 젖히고, 발은 비행기 하단에 붙여 몸을 뒤로 구부리는 듯한 동작을 취했다. 하나, 둘, 세… 으악! 셋을 차마 세지 못한 채 자유 낙하를 했다.

  어라? 그런데 몸이 붕 뜨는 느낌이 안 든다. 마치 공기가 나를 받쳐주듯 전혀 무섭지 않다. 곧 정신을 차리고, 낙하산이 펼쳐졌다. 그제야 저 멀리 바다와 땅을 볼 수 있었다. 우와… 날씨가 흐려 절경은 아니지만, 내가 날고 있었다. 공중에 떠 있는 순간은 정말 찰나였다. 무사히 지상에 착지해, 그 뒤로 내려오는 친구들의 모습을 보니, 그저 살아서 다행이라며 가슴을 쓸어내린다. 제일 먼저 뛰어내려서 몰랐는데 나중에 들어 보니 앞에 사람들이 하나둘 사라지는 모습을 지켜보는 게 그렇게 무섭다고 한다. 마치 하늘로 쏙 빨려가듯이 사라진다며. 서로 부둥켜안고, 으쓱한 어깨와 함께 수료증을 받아 들고 신나게 사진을 찍었다. 야호, 살았다!

퀸 빅토리아 야시장

 퀸 빅토리아 마켓은 평소 과일, 고기, 기념품 등을 파는 재래시장이지만 11~3월의 수요일 저녁만큼은 핫한 야시장으로 바뀐다. 야시장에 들어서면 태국, 필리핀, 이탈리아, 폴란드 등 세계 각국 음식을 파는 푸드 트럭과 공연을 하는 무대가 눈을 끈다. 북적이는 사람들을 지나 왼쪽으로 고개를 돌리면 기념품과 옷을 파는 상점들이 보인다. 그중 묘미는 우리가 직접 가죽의 색과 장식을 고르는 수제 카드 지갑. 코알라와 캥거루 등 작은 금속 장식과 원하는 문구로 지갑을 꾸미는 재미가 있다.

 고층 빌딩이 뒤로 보이는 야시장의 모습은 오묘하고 아름다웠다. 일로 지친 몸을 이끌고 와서 라클렛[6] 요리를 먹으며 흥겨운 레게를 연주하는 환상적인 밴드의 공연을 보니 피로가 녹았다. 일본 친구 시온, 스위스 친구 로라, 한국 친구 희은이와 언니와 함께 야시장이 마지막으로 열리던 날 이곳을 찾았다. 레모네이드와 맥주, 이국적인 음식들과 함께한 즐거운 한때였다. 파인애플 볶음밥과 팟타이의 고소함이 입에 감돌았다.

---

[6] 삶은 감자에 녹인 치즈로 맛을 낸 스위스 요리

도클랜드

　도클랜드Docklands는 멜버른 도심의 서쪽에 있는 항구 동네다. 거리에는 특유의 한적함이, 사람들의 표정에는 여유로움이 느껴진다. 소문으로는 잘 사는 동네라고도 한다. 알 사람은 안다는 풍경 맛집, 도클랜드 도서관에서는 바다를 향하는 통유리 창으로 멋진 경치를 느낄 수 있다. 창밖으로는 항구에 정박한 배들과 저 멀리 대관람차, 멜번 스타가 보인다. 도서관 근처에는 맛있는 젤라토를 파는 쇼핑몰, '디스트릭트 도클랜드The District Docklands'도 있다.

　마침 도클랜드에 사는 수빈이의 제안으로 일몰을 보러 모였다. 야경은 눈부시게 아름다웠다. 항구에는 분위기 있게 자리 잡은 커플과 산책을 나와 물에 발을 담그고 있는 사람, 심심한 듯 모여 있는 친구들 무리가 있었다. 우리도 한쪽에 자리 잡아 경치를 바라봤다. 다이나믹 듀오 7집 노래를 시작으로 밤바다와 어울리는 선곡이 이어졌다. 저 멀리 관람차가 색색의 불빛을 내 뿜고 있었다. 누군가는 여수, 누군가는 고향인 부산을 떠올리던 도클랜드의 밤바다.

유림이가 하늘에서 오리온자리가 보인다며 별자리 대화의 물꼬를 텄다. 아는 만큼 보인다고, 그녀가 가리킨 별들과 인터넷에 검색한 오리온자리를 대조해 보니 그제야 눈에 보이던 놀라움이란. 하늘에는 수많은 별이 떠 있었고, 그 별들은 몇 억 년 전 빛난 과거의 흔적이고, 나는 또 다른 별자리를 찾아 헤맸다.

"저게 혹시 황소자리 아닐까? 저건 작은개자리 아니야?"

  한참을 별을 보다가, 구름이 흘러가 초승달을 가리는 것을 구경했다. 멍 때리며 하늘을 보고 있다 갑자기 곁눈질로 곡선을 그리며 떨어지는 별이 보였다. 찰나의 순간, 별똥별이었다. 별똥별이 제일 많이 듣는 말이 "와, 별똥…(별이다)"라는 유머도 있던데, 나 역시 별똥별이 떨어지고 나서야 알아차렸다. 그런데도 우리는 눈 꼭 감고 두 손 모아 소원을 빌었다. 워킹 홀리데이를 무사히 마치고 한국어 돌아가기를, 가족들이 건강하기를!

질롱

　빅토리아 주의 두 번째로 큰 도시인 질롱Geelong. 멜버른의 서던 크로스 역에서 기차로 한 시간 정도 걸린다. 포도 농장에서 워홀 제2막을 시작하는 윤지와의 작별 인사를 질롱 일몰 여행과 함께 하기로 했다. 질롱 기차역에 도착해 십여 분을 걸으니 항구와 긴 해안가가 등장했다. 이와 더불어 질롱의 상징인 목각인형[7]들도 곳곳에서 만날 수 있었다. 감자튀김French Fries 모양의 대관람차도 풍경을 한껏 아름답게 만들었다.

　해안가에 비치 타월을 깔고 가져온 과일과 음식을 꺼냈다. 스시, 롤, 파스타, 와플, 자두, 음료수까지 서로 나눠 먹으려고 잔뜩 챙겨 와 사람은 다섯인데 음식은 10인분이었다. 맑은 하늘과 야자수 나무, 한적한 공기. 호주가 가장 호주답게 보이는 삼박자를 충족했다. 커닝햄 피어Cunningham Pier는 예전에는 화물 선박이 드나들던 항구였지만, 지금은 낚시꾼들이 줄지어 항구를 채웠다. 애꿎은 남쪽 바다로 일몰 여행을 와서 해 떨어지는 것은 못 봤지만, 호주 감성은 가득 충전했다.

7　배의 정박을 위해 밧줄을 매는 말뚝, 볼라드bollard에 그림을 그려 인형처럼 만들었다. 로컬 아티스트 Jan Mitchell이 조각하고 채색한 작품 100여개가 해변 곳곳에 설치되어 있다.

God looks after you?

　내가 사는 동네 코버그가 매우 한적하고, 딱히 할 것이 없음에도 좋았던 이유. 셰어하우스 바로 옆에 큰 동네 성당이 있어 든든한 느낌이 들었고, 바로 근처에 단 하나 있는 힙한 분위기의 카페와 이탈리안 레스토랑이 끝내주는 맛을 자랑하기 때문이었다. 산책하러 나와 집 앞을 걸으면 서로 손 잡은 가족이 도란도란 이야기를 나누며 지나가는 말 그대로 평화로운 동네라고나 할까?

　그런데 어느 날 사건이 발생했다. 집 근처 트램 정류장에서 내리던 중이었다. 나는 언니와 대화를 하며 뒤돌아 내리고 있었는데, 갑자기 "꺅!"하는 비명과 함께 "뒤로 와!"라는 언니의 고함이 들렸다. 간발의 차로 몸을 움직이니, 자동차가 내 뒤를 스쳐 지나갔다. 위기일발의 순간이었다. 멜버른의 트램은 일반 자동차와 도로를 함께 쓰는데 몇 정거장에서는 2차선 도로에서 멈춘다. 이때 1차선에서 달리고 있던 차들은 멈춰 서는 게 당연하다. 트램에서 사람들이 안전하게 내리고 다시 트램이 출발할 때까지 말이다. 그런데 그 운전자는 기본적인 것을 지키지 않았다.

그날, 언니의 비명과 고함 덕분에 가까스로 사고를 면했다. 운전자는 사과 한마디 없었다. 차에서 내리지도 않고 창문만 겨우 연 운전자에게 트램 운전기사가 제정신이냐며 소리를 질렀다. 심장은 아직도 벌렁벌렁 떨렸지만, 다치지는 않았으니 별수 있나. 떨어지지 않는 발걸음을 떼 집으로 향할 수밖에. 그때, 지나가던 아주머니가 무슨 일이냐며 걱정 어린 눈빛으로 물어보셨고, 안 다쳤다는 말에 안도하며 남긴 말씀.

"God looks after you. Thanks for God. (신이 너의 뒤를 봐주고 계신 거야. 신에게 감사해)"

저 멀리 성당이 보였고, 아주머니의 말씀이 왠지 내 마음을 울렸다. 정말 하늘 멀리 나를 지켜주는 누군가가 존재하는 걸까? 그렇게 믿으니, 조금 든든하네. 타지에서 안 다치고 건강만 해도 성공한 거야. 다치지 말고, 아프지 말자.

홀리 트라이브

홀리 트라이브Holi Tribe는 인도에서 봄을 환영하며 여는 사랑의 축제이자 색채의 축제다. 우리가 왜 인도 축제에 왔냐고? 우리는 그저 색 분말 던지며 노는 '컬러런[8]'인 줄 알았다. 그런데 현장에 도착하자 저 멀리 들려오는 인도 음악, 그에 맞춰 몸을 흔들어 대는 인도인들. 당혹감을 감출 수 없고 실소만 나왔는데 웬걸, 안에 들어간 우리는 금세 분위기에 취해 그들과 함께 몸을 흔들었다!

"해피 홀리Happy Holi!" 우리 뺨에 색 분말을 묻히며 이 말을 외치는 인도인들을 마주했다. 그제야 이 말이 축제에서 서로를 축복해 주는 인사임을 알게 되었다. 인도 음악에 몸을 맡기다가 장난기가 발동한 우리는 다른 표적을 찾아 가루를 끼얹기 시작했다. 작은 전쟁의 시작, 그 전쟁에는 웃음이 넘쳤다. 우리는 급기야 색 분말을 소진해 6팩을 추가로 사서 제2의 전투를 시작했다. 축제의 끝에는 바닷가로 가 물에 몸을 담갔다. 옷에 묻은 색기 싹 빠지던 놀라운 기적이란! 누군가에겐 멜버른에서 가장 좋았던 추억으로 남은 홀리 트라이브의 하루도 저물었다.

---

[8] 미국에서 처음 개최된 페인트 레이스로, 알록달록 파우더를 맞으며 달리는 세계적인 이색 마라톤 행사

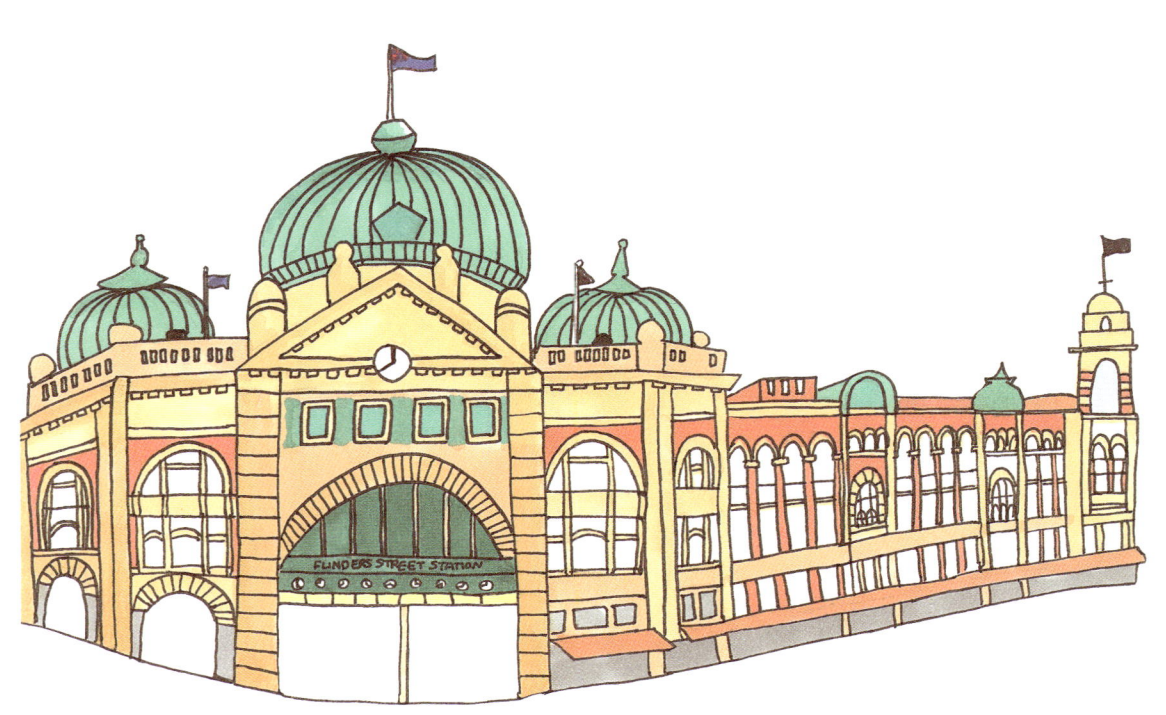

플린더스 역

세인트 킬다 비치를 가든

브라이튼 비치를 가든

환승 지점이자 시티의 마지막 무료 트램 존.

낮에는 웅장하고, 밤에는 빛나는 플린더스 역.

카페 브루네티

　멜버른의 다양한 카페 중에서도 '카페 브루네티Brunetti'의 기억이 특별한 이유. 첫째로는 문턱이 닳도록 들락날락했기 때문이고 둘째로는 친구들과의 처음과 마지막을 함께 했기 때문이다. 이곳에는 끝내주게 맛있는 아이스 라테도 있고, 눈이 돌아가는 화려하고 달콤한 디저트도 팔았다. 디저트 가게, 카페, 펍, 그 옆에 레스토랑. 무려 네 개의 매대가 매장 안에 있었다.

　일본인 친구들과 더위를 피해 들어가 시원한 그라니타Granita[9]를 마시던 날, 그들과 헤어지는 날 마신 달콤쌉싸름한 라임 칵테일, 셰어하우스 친구와 축제의 야라강 불꽃놀이를 기다리며 먹은 디저트. 초콜릿 타르트와 생딸기가 올라간 바삭한 디저트, 고소한 원두맛이 제대로 느껴지는 아메리카노까지. 멜버른의 카페와 음식점들이 코로나19로 셧다운 하게 된다는 소식을 접하던 날도 여기에 있었다. 시원한 라테를 마시며 카페의 이곳저곳을 눈에 담았다. 이게 마지막이겠지 생각하며.

9　이탈리아의 과일과 와인 등 혼합물을 얼려서 만든 얼음 과자

멜버른 동물원

 자연 친화적으로 조성되어, 동물이 편히 쉬느라 오히려 동물을 못 볼 수도 있다는 멜버른 주. "내일 멜버른 주 갈래?"라는 언니의 제안에 얼른 고개를 끄덕였다. 하필 비가 내렸고, 코로나19로 인해 동물원 입장 인원을 하루에 2,000명으로 제한하고 있었다. 그러나 우리는 결국 들어갈 운명이었는지 날씨 때문에 취소한 사람들로 운 좋게 입장을 했다. 궂은 날씨는 곧 기가 막히게 갰다.

 가장 먼저 고개를 꼿꼿이 든 기린이 우리를 반겨 주었다. 기린 두 마리가 풀을 먹는 모습을 보니 금세 기분이 좋아졌다. 코알라 두 마리는 서로를 부둥켜안고 자고 있다. "제발 이쪽 좀 봐 줘."라는 간곡한 말을 귓등으로 흘리며 말이다. 그나저나 옆 우리에 코알라 한 마리가 버젓이 나무 위에 앉아 있는 게 아닌가! 마치 본인이 이 동물원의 마스코트라는 것을 인식한 듯 이쪽저쪽 사람들도 친히 쳐다봐 주고, 천천히 나무 기둥 위를 가로지른다. 와, 정말 귀엽다. 한참을 서성이던 그는 긴 나무 위로 올라가며 얼굴을 감췄다.

아니, 그런데 미어캣 우리가 더 대박이다. 한 미어캣이 망을 본다. 적이 오나 두리번거린다. 이곳이 적의 위협을 받을 리 없는 동물원이라는 사실은 꿈에도 모르는 걸까? 한 마리가 지키면 다른 아이들은 찹쌀떡이 늘어나듯 몸을 쭉 펴고 엎드려 세상 편하게 잠을 청한다. 정말 사랑스럽다. 망보던 아이가 내려오면 다른 아이가 올라간다. 마치 초소를 지키는 경비병이 교대하는 느낌이다.

또 다른 호주의 상징인 캥거루. 캥거루라고 하면 우람하게 서 있고, 아기 주머니에 새끼를 품은 모습이나 껑충껑충 뛰어다니는 모습을 상상하기 마련이다. 그런데 우리가 본 캥거루들은 이런 환상을 완전히 깼다. 그들은 여기서 뛰어다닐 이유를 아예 못 찾은 듯 한가롭게 누워 있었다. 잠시 움직인다 싶더니 껑충 뛰어 더 편한 장소에 엎어졌다. 하긴, 평화로운 이곳에서 늘어지게 잠만 자는 게 이해 안 가는 것도 아니다.

호주의 신기한 문화

1) 주류 판매점

호주는 알코올에 엄격한 나라다. 술은 전문 주류 판매점Bottle shop에서 판다. 슈퍼마켓을 기웃거려도 소용없다. 대표적인 맥주로는 VB^{Victoria Bitter}와 포엑스 골드XXXX Gold가 있다. 술 취한 사람에게 술을 팔면 상당한 벌금을 문다. 야외에서 술을 마시는 것도 금지. 참고로 호주에서 술을 판매하는 바나 레스토랑에서 근무하려면 RSA[9] 자격증이 필수다.

2) 원피스 교복

길을 걷다가 원피스를 교복으로 입은 학생들이 보였다. 알고 보니 호주의 중학교 여학생들이 하복으로 원피스 교복을 입는다. 원피스에 엉덩이까지 내려오는 큰 재킷을 입으면 셔츠도 조끼도 필요 없다. 고등학교 여학생들은 치마, 셔츠로 나뉜 투피스 교복을 입는다.

---

[9] Responsible Service of Alcohol의 약자로 호주에서 주류 판매 및 서빙, 관리 등을 하려면 필요한 주류취급면허 자격증. 호주 지역마다 시험이 다르고, 워홀러들은 초기에 교육을 듣고 하루만에 쉽게 취득 가능하다.

3) 화폐

  호주 화폐를 처음 본 인상은 굉장히 고급스럽다. 지폐 양면에는 호주를 대표하는 남성, 여성 인물이 배치되어 있는데 이는 호주가 양성평등을 중요하게 여기기 때문이라고 한다. 호주 지폐는 우리나라처럼 종이가 아니라, 특수 플라스틱으로 제조되어 위조가 어렵다고 한다.

  4) 주머니쥐

  공원에서 해가 어두워질 때 나타나는 주머니쥐, 포섬Possum. 캥거루, 코알라와 함께 호주를 대표하는 동물이다. 플라그스타프 가든에서 주머니쥐를 보았을 때, 귀여움에 후다닥 카메라를 꺼냈다. 작은 머리, 뾰족한 코, 수염과 큰 귀, 긴 꼬리를 가졌다. 나무 위에서 주로 발견된다. 야행성이라 밤이나 새벽녘 활동한다.

유용한 물건

텀블러
: 쉐어하우스 방안에서 물 떠 놓고 마시기 좋음.

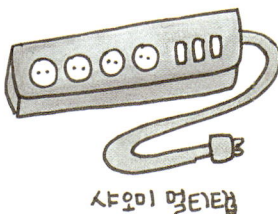

샤오미 멀티탭
: 호주 워홀 필수품! 한국 충전기 케이블을 그대로 꼽을수 있다.

에코백
: 어디를 가든 편하게 사용할수 있다.

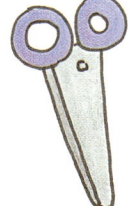

미용가위
: 종종 앞머리도 자르고 가위가 필요할때 유용함.

쪼리 (슬리퍼)
: 쉐어하우스 안에서 신고 다닐 편한 신발 꼭 챙기기!

쇼핑 리스트

마음을 열면

  사람과 사람 사이의 연(緣), 인연은 어떻게 만들어질까? 이곳에서는 다소 쉽게 관계의 끈을 만들 수 있었다. '밋업' 앱에 올라오는 언어 교환 목적의 모임 등으로 외국 친구를 만날 수 있고, 어학원도 쉽게 친구를 사귈 수 있는 장이었다. 일단 같은 학원에 다닌다는 연결 고리가 이들을 이어 주고, 다양한 액티비티로 쉽게 말문을 트고 친해질 수 있다.

  스위스의 미디어 아티스트 로라, 삿포로 출신의 활발한 시온, 볼 빵빵 귀여운 히나, 천진난만 유카, 교토 출신 털털한 시오리, 흥 많은 BTS 태국 팬 퐈, 한국 아이돌에 빠삭한 콴, 우리를 만나러 한국에 꼭 오겠다는 빔까지. 함께 몰려다니며 추억을 만든 윤지, 유림이, 수빈이, 소원이, 코버그 동네 친구 예진이, 멜버른 아트북 페어 친구 희은이, 이 모든 인연을 가능하게 한 핵인싸 언니까지. 마음을 열면, 누구든 먼저 한 걸음만 다가가면 인연의 고리가 형성된다. 기억에 남는 즐거운 시간은 자연스레 따라오고, 그 순간을 즐기면 된다.

있는 그대로의 나

 "호주에 더 살고 싶은 마음 없어?" 호주에 영주권을 따거나 오래 살고 계시는 분들과 이야기를 나누면 꼭 이런 질문을 들었다. 그럴 때마다 어물쩍 대답을 넘겼다. "글쎄요. 아직 한 달 밖에 안 있어 봐서요……. 좋기는 한 것 같아요." 그럼 호주에 와서 뭐가 제일 좋냐는 질문에는 항상 커피 맛이 좋은 점을 꼽았다. 그런데 그들에게 같은 질문을 하니 공통으로 "남에게 필요 이상의 신경을 쓰지 않아 편하다"라는 대답이 돌아왔다.

 사람을 만나면 어디 사는지, 무슨 일을 하는지, 나이는 몇 살인지, 더 들어가면 결혼을 했는지(!) 왜 아직껏 결혼을 안 했는지 등 한국에서는 종종 서로에 대한 질문이 관심에서 간섭이 되는 상황을 겪기도 한다. 그렇지만, 이곳에서는 사람에게 필요 이상의 질문을 하지 않고, 사람 그대로 대한다는 것이다. 사람을 나이와 직업, 출신으로 판단하지 않고 있는 그대로의 존재와 대화하는 것. 여기서 나도 왠지 '이 나이 즈음엔 이래야 하지'라는 생각에서 벗어난 기분이었다.

떠나는 날

 두 달의 호주 워킹 홀리데이는 누구보다도 짧지만 굵은 경험이었다. 6개월, 아니 1년이라도 있으려고 했던 호주에서 60일 만에 한국으로 돌아가게 된 이유는 바로 '코로나19' 때문이었다. 청정 지역이던 호주도 유행하는 바이러스를 피할 수 없었다. 일상의 제재와 줄어든 근무 시간으로 집에 있는 시간이 늘어나며 호주에 남아 있을 이유가 적어졌다.

 덕분에 두 달간 노느라 펼치지 않았던 드로잉 북을 꺼내 그간의 일을 정리했다. 비자는 1년이니 몇 달 뒤 다시 돌아올 수 있지 않을까 하는 작은 희망을 품었지만 한 치 앞을 내다볼 수 없기에 현재에 충실하기로 했다. 5주 만에 적응해 가던 스시 가게를 그만두는 게 내키지 않았지만, 적어도 5주간 배운 기술로 가족들에게 롤 정도는 대접할 수 있으리라. 한적한 코버그에서의 여유와 활기찬 멜버른 도심, 따뜻하고 푸르렀던 호주. 그 속에서 빛나던 두 달이여, 안녕.

멜버른 드로잉

©이지은, 2020

초판 1쇄 발행 2020년 11월 10일

지은이   이지은 | **펴낸이** 이지은
펴낸곳   꾸미
출판등록 제 2018-42호 | 2018년 12월 21일
이메일   ggumipub@gmail.com
ISBN   979-11-965863-5-5 07960

본 책은 저작자의 지적 재산으로서 무단전재와 복제를 금합니다.